KB236049

프랑스 자수로
더 사랑스러운 아기 옷

이렌 라쉬 · 마리안 니니 지음 │ 장덕순 옮김

비타북스

사진촬영을 할 때 잘 참아준 아기들에게 감사의 말을 전합니다 :
루이즈, 셀리아, 로반, 에린

프랑스 자수로
더 사랑스러운 아기 옷

펴낸날 초판 1쇄 2015년 12월 1일

지은이 이렌 라쉬 · 마리안 니니
옮긴이 장덕순

펴낸이 임호준
이사 홍헌표
편집장 김소중
책임 편집 김은정 ㅣ **편집 3팀** 윤혜민 김송희
디자인 왕윤경 김효숙 ㅣ **마케팅** 강진수 임한호 김혜민
경영지원 나은혜 박석호 ㅣ **e-비즈** 표형원 이용직 김준홍 류현정 차상은

인쇄 (주)웰컴피앤피

펴낸곳 비타북스 ㅣ **발행처** (주)헬스조선 ㅣ **출판등록** 제2-4324호 2006년 1월 12일
주소 서울특별시 중구 세종대로 21길 30 ㅣ **전화** (02) 724-7683 ㅣ **팩스** (02) 722-9339
홈페이지 www.vita-books.co.kr ㅣ **블로그** blog.naver.com/vita_books ㅣ **페이스북** www.facebook.com/vitabooks

Coudre et broder pour bebe
Copyrigh ⓒ Dessain et Tolra/Larousse, 2010
All Rights Reserved.
Originally published in France in 2010 by Dessain et Tolra Inc.
Korean translation right arranged through Shinwon Agency.
Korean translation Copyright ⓒ 2015 Health Chosun

ISBN 979-11-5846-031-0 13630

• 이 도서의 국립중앙도서관 출판예정도서목록(CIP)은 서지정보유통지원시스템 홈페이지(http://seoji.nl.go.kr)와
  국가자료공동목록시스템(http://www.nl.go.kr/kolisnet)에서 이용하실 수 있습니다. (CIP제어번호: CIP2015030485)

• 비타북스는 독자 여러분의 책에 대한 아이디어와 원고 투고를 기다리고 있습니다.
  책 출간을 원하시는 분은 이메일 vbook@chosun.com으로 간단한 개요와 취지, 연락처 등을 보내주세요.

비타북스 는 건강한 몸과 아름다운 삶을 생각하는 (주)헬스조선의 출판 브랜드입니다.

contents

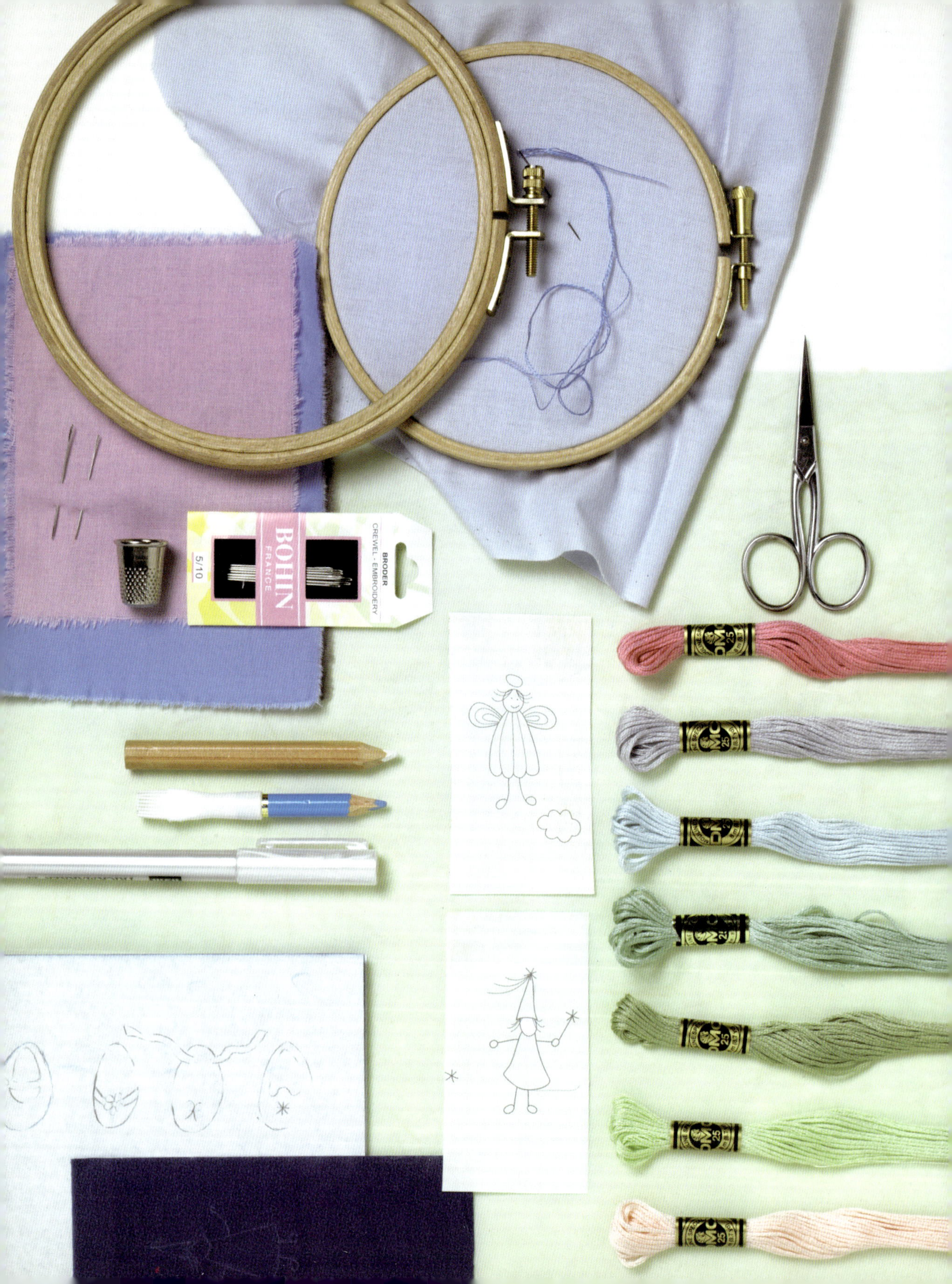

5/10
BOHIN
FRANCE
BRODER
CREWEL · EMBROIDERY

이 책은 자수를 처음 시작하는 분들을 위해 쓰였습니다. 작품에 사용된 기본 스티치들은
전혀 어렵지 않아, 초보자도 쉽게 따라 할 수 있답니다. 8~9페이지에 나와 있는
상세한 설명을 보고 천천히 따라 해보세요.

책에 제시된 자수 패턴은 9개월 정도의 아기 옷에 맞는 사이즈입니다.
패턴을 확대하거나 축소하려면 전체적으로 몇 센티미터를 더하거나 빼기만 하면 됩니다.
아기의 치수를 재고 어떻게 수정할지 판단해보세요.

패턴에는 5mm~1cm의 재봉선이 포함되어 있습니다. 작업을 수월하게 하려면
재봉을 해가며 다림질로 재봉선을 납작하게 펴주세요.

자수 기본 도구

실

바늘

가위

골무

수틀

원단용 카본지(먹지)

연필

초크연필

펠트펜(수성펜)

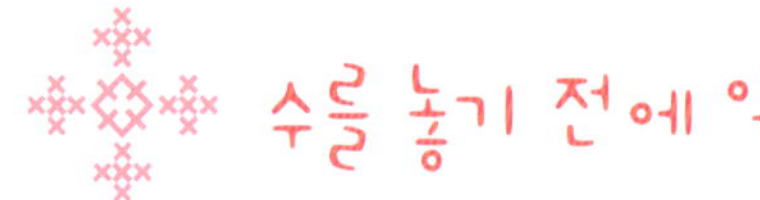

1 원단에 도안을 옮기려면 어떻게 해야 하나요?

도안 위에 트레이싱 페이퍼를 펴고 연필로 도안을 옮겨 그립니다. 도안을 그린 트레이싱 페이퍼를 옷의 원하는 위치에 올려놓고, 움직이지 않도록 접착테이프로 고정합니다. 트레이싱 페이퍼 밑에 카본지를 대고 볼펜 끝이나 뜨개바늘로 도안을 따라 그립니다. 원단에 새겨진 도안이 잘 보이지 않으면, 초크연필이나 빨면 지워지는 펠트펜으로 원단 위에 덧그립니다.

2 도안을 확대하거나 축소하여 사용하려면 어떻게 해야 하나요?

복사기의 확대 또는 축소 기능을 활용해보세요.

3 실의 가닥은 어떻게 나누나요?

자수실의 종류는 일일이 열거하기 힘들 정도로 많지요. 종류마다 가닥의 수도 다르답니다. 가장 대표적인 자수실은 DMC 25번사로 여섯 가닥으로 되어 있습니다. 실의 가닥을 나눌 때는 먼저 적당한 길이로 자른 뒤, 사용할 가닥 수만큼 잡고 서로 꼬이지 않도록 천천히 뽑아줍니다. 일반적으로 두 가닥으로 수를 놓는 것이 섬세하고 정확하게 표현하기에 적당합니다.

4 실의 길이는?

실의 길이는 30cm가 넘어가지 않도록 합니다. 너무 길면 실이 꼬여 고생하거나, 수를 놓는 데 방해가 된답니다.

5 어떻게 원단 위에 수를 놓나요?

원단 안쪽에 열접착 시트를 대고 은은한 온도로 다림질하여 붙입니다. 열접착 시트는 옷을 단단하게 하여 작업 중에 원단이 울지 않게 해줍니다.

6 수틀은 어떻게 사용하나요?

어떤 스티치(특히 새틴 스티치)는 원단이 팽팽해야 수놓기가 수월합니다. 작은 수틀 위에 원단을 올려놓고 그 위에 큰 수틀을 밀어 넣습니다. 원단을 팽팽하게 당기고 나사로 고정합니다. 러닝 스티치, 백 스티치, 스템 스티치는 수틀 없이 수놓습니다.

7 자수는 이떻게 다리나요?

완성된 자수는 원단을 뒤집어서 자수의 뒷면(안쪽)을 다리세요. 그래야 원단의 구김은 펴지면서 자수의 볼륨감은 유지됩니다.

8 자수의 시작과 마무리

처음에 매듭을 짓지 않고 실을 어느 정도(약 3cm) 안쪽에 남겨둡니다. 이 실 위로 첫 번째 스티치를 실행하고, 마무리할 때 마지막 스티치 밑으로 실을 끼워 넣습니다. 작업 중에 새 실로 자수를 시작하려면 몇 땀의 스티치 밑으로 실을 끼워 넣습니다. 마지막으로 안쪽에 남아 있는 실들을 모두 정리합니다.

기본 스티치

수를 놓을 때 스티치가 완벽하게 일정할 필요는 없습니다. 오히려 약간 불완전한 것이 여러분의 자수를 더욱 매력적으로 보이게 합니다. 일반적으로 수를 놓을 때 실을 너무 세게 당기면 원단에 주름이 생기므로 주의하세요.

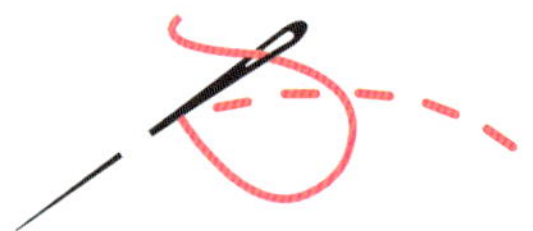

러닝 스티치 Running stitch

도안의 선을 따라 오른쪽에서 왼쪽으로 한 땀씩 간격을 주며 수를 놓습니다. 바늘을 규칙적인 간격으로 넣고 빼냅니다. 한 번에 두세 땀씩 수놓아도 되며, 원단이 울거나 실이 엉키지 않도록 실과 원단을 잡아당겨 가며 합니다.

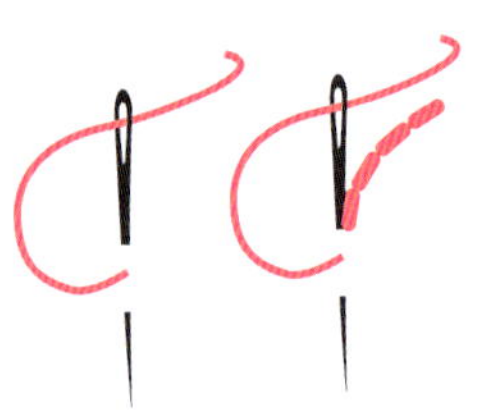

백 스티치 Back stitch

스티치가 서로 닿아 하나의 선처럼 이어진 모양입니다. 오른쪽에서 왼쪽으로 수를 놓습니다. 스티지가 시작되는 지점을 정한 뒤, 그곳에서 3mm 뒤에서 바늘을 빼냅니다. 빼낸 바늘을 시작점에 꽂아 첫 스티치를 완성합니다. 첫 스티치로부터 3mm 뒤에서 바늘을 다시 빼냅니다. 빼낸 바늘은 3mm 앞 지점에, 먼저 수놓은 실과 겹치지 않도록 다시 넣습니다. 다시 두 번째 스티치 3mm 뒤에서 바늘을 빼냅니다. 이런 식으로 작업을 반복합니다. 백 스티치는 바느질의 박음질과 같습니다.

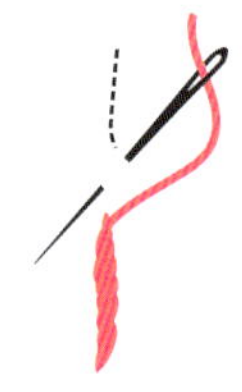

스템 스티치 Stem stitch

왼쪽에서 오른쪽으로 수를 놓으며, 실이 항상 바늘 밑에 오도록 합니다. 시작점에서 바늘을 빼서 한 땀의 크기를 정해 바늘을 넣고, 다시 시작점으로 바늘을 빼서 첫 번째 스티치를 완성합니다. 첫 번째 스티치로부터 한 땀의 간격을 두고 바늘을 넣은 뒤 두 번째 스티치 시작점으로 바늘을 빼냅니다. 이런 식으로 작업을 반복합니다. 스템 스티치의 뒷면은 백 스티치와 같은 모양이 됩니다.

스트레이트 스티치 Straight stitch

한 땀으로 스티치가 이루어집니다. 한 땀씩 떨어져 수놓거나 방사형으로 수놓기도 합니다. 바늘을 꽂은 다음, 약간 간격을 두고 실 밑으로 바늘을 빼냅니다.

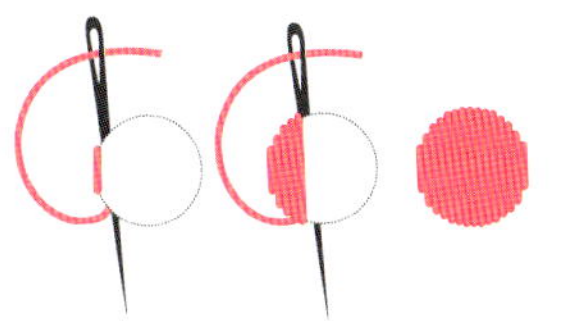

새틴 스티치 Satin stitch

스트레이트 스티치 방식으로 촘촘하게 연속하여 수놓아, 도안의 면적을 채우는 방식입니다. 수틀에 원단을 팽팽하게 끼운 다음, 가장 좁은 부분부터 시작하여 밑에서 위로 작업합니다. 실들이 서로 맞닿도록 평행하게 수놓아야 합니다.

랜덤 스티치 Random stitch

여러 땀의 러닝 스티치를 다양한 각도로 불규칙하게 배열하는 방식으로, 문양을 채우는 데 사용합니다.

프렌치 노트 스티치 French knot stitch

볼록하게 튀어나오는 동그란 매듭 모양의 스티치입니다. 원하는 위치로 바늘을 빼냅니다. 바늘에 실을 한두 번 감고 그대로 바늘을 빼냈던 지점 바로 옆에 바늘을 수직으로 꽂습니다.

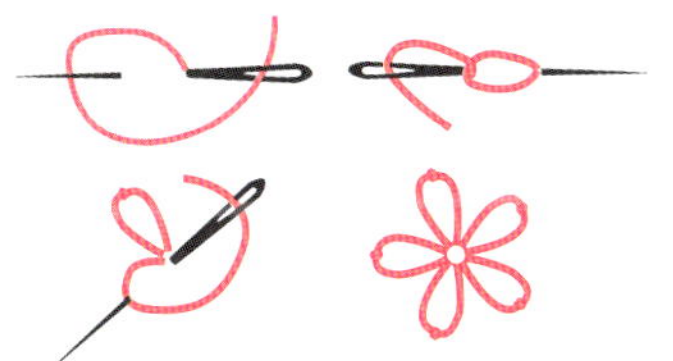

레이지 데이지 스티치 Lazy daisy stitch

바늘을 빼내어 실의 왼쪽에 꽂습니다. 3mm 간격을 두고 바늘을 다시 빼냅니다. 오른쪽에서 왼쪽으로 바늘 밑으로 고리를 만들고 손가락으로 모양을 잡습니다. 고리 끝에 작은 스티치를 실행하여 고리가 고정되도록 합니다. 다섯 개의 고리가 원형을 이루도록 수놓아 데이지 꽃 모양을 완성합니다.

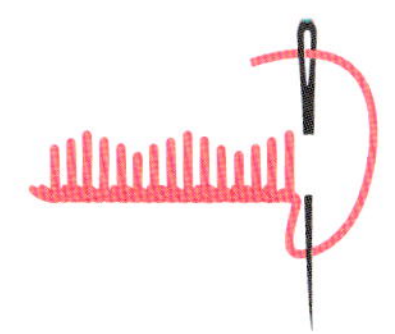

버튼홀 스티치 Buttonhole stitch

하나로 이어진 밑 선에 여러 개의 기둥이 세워진 모양입니다. 왼쪽에서 오른쪽으로 수를 놓습니다. 밑 선 시작점에서 바늘을 빼내어 한 땀 간격 옆에 바늘을 꽂은 다음 바로 기둥이 될 위치로 바늘을 빼냅니다. 첫 스티치의 밑 선 오른쪽에서 바늘을 다시 빼냅니다. 바늘 밑으로 실이 지나도록 하면서 왼쪽에서 오른쪽으로 작업을 이어갑니다.

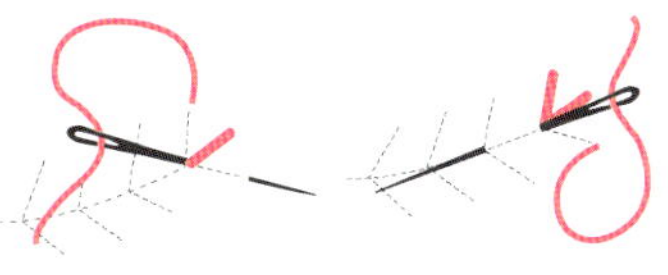

펀 스티치 Fern stitch

위에서 밑으로 작업합니다. 기본적으로 세 땀의 러닝 스티치로 이루어집니다. 줄기의 끝에서 5mm 지점의 중심선으로 바늘을 빼냅니다. 줄기 끝에 바늘을 꽂고 첫 번째 곁가지 끝에서 빼냅니다. 그다음 시작점에 바늘을 다시 꽂고 두 번째 곁가지 끝에서 다시 빼냅니다. 그리고 시작점으로 다시 돌아옵니다. 이런 식으로 작업을 반복합니다.

벚꽃 벌룬 원피스

p.13

꼬꼬닭 민소매 티셔츠 p.25

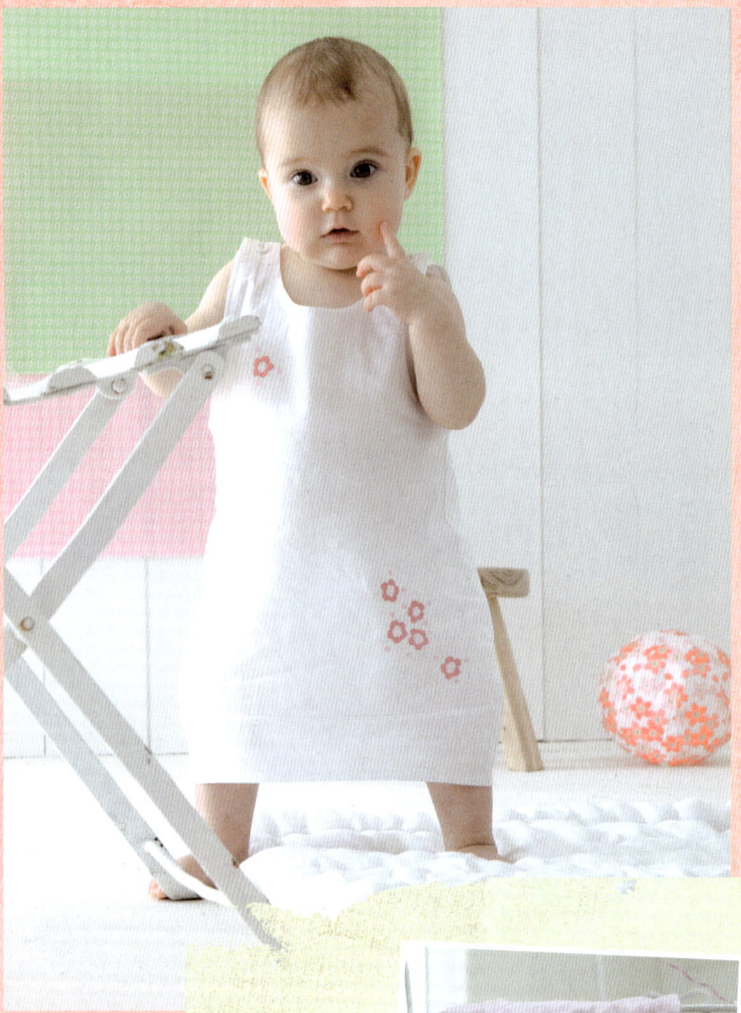

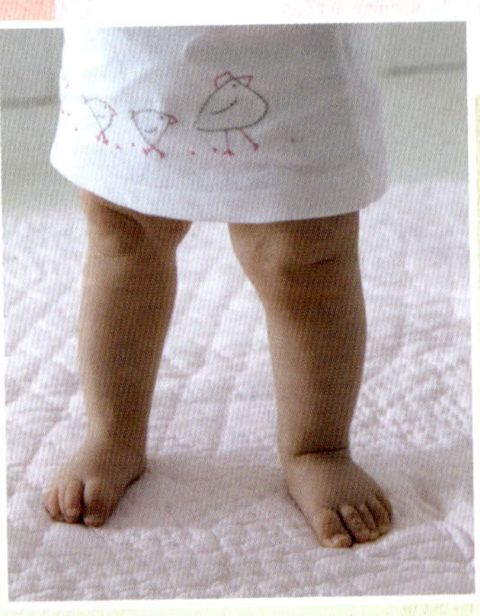

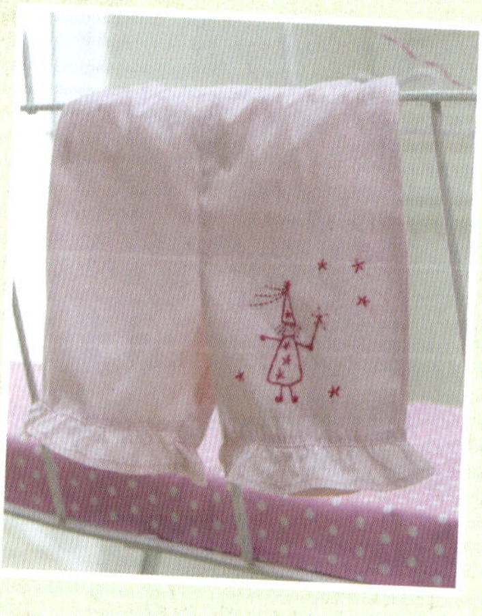

요정 블루머 p.16

 벚꽃 벌룬 원피스

흰색 원피스(패턴 참고)

DMC 25번사 분홍색 899번

DMC 25번사 분홍색 605번

DMC 25번사 녹색 772번

트레이싱 페이퍼

원단용 카본지

사용한 스티치 • 새틴 스티치, 스트레이트 스티치, 백 스티치

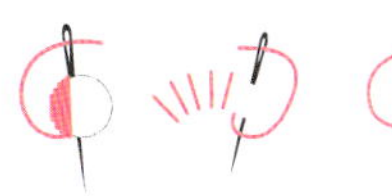

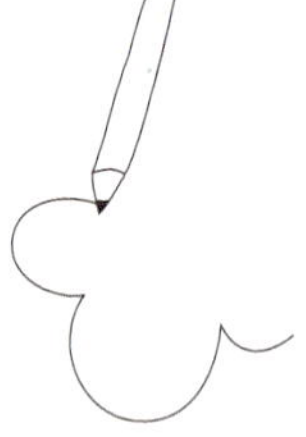

1.

트레이싱 페이퍼를 활용해 원피스 위에 꽃문
양을 옮겨 그립니다.

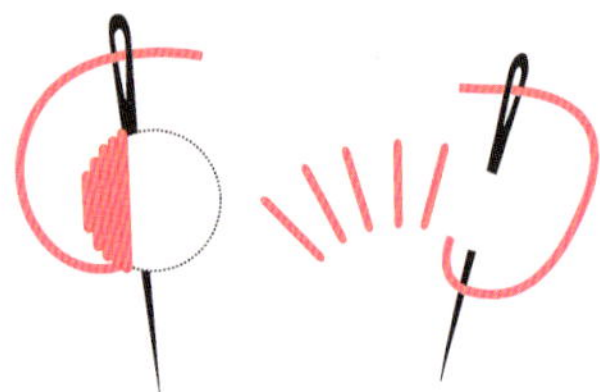

2..

분홍색 899번 실 두 가닥을 이용하여 새틴
스티치로 꽃잎을 수놓습니다. 방울 모양은
분홍색 605번 실을 사용합니다. 꽃의 중심
부는 분홍색 605번 실 두 가닥을 이용하여
스트레이트 스티치로 수놓습니다.

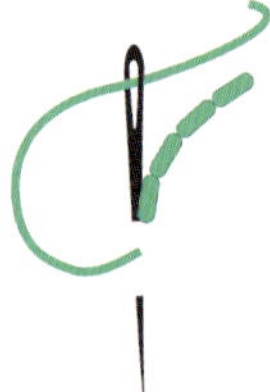

3...

녹색 772번 실 두 가닥을 이용하여 백 스티
치로 줄기를 수놓습니다.

 원피스 만들기

50×90cm 원단

초크연필

핀

색실

단추

가위

재봉틀

1 올의 방향을 따라 원단을 반으로 접습니다(접음선이 수직이 되도록 합니다).
그 위에 앞판과 뒤판 패턴의 절반과 아랫부분 패턴 두 장을 원단의 접음선과
가운데가 일치하도록 올려놓고 핀으로 고정합니다. 초크연필로 윤곽선을 그리고 재단합니다.
가장자리 전체를 시침질 또는 지그재그 스티치로 박아줍니다.

2 목선과 진동둘레의 가장자리를 5mm 접어 핀으로 고정하고 재봉틀로 박습니다.
어깨 위에 단춧구멍이 들어갈 자리를 2.5cm 접습니다. 그리고 뒤판에 단추를 달 자리를 1.5cm
접습니다. 가위로 단추 크기만 한 틈을 내고 재봉틀이나 사뜨기로 단춧구멍을 만듭니다.

3 앞판과 뒤판의 안면을 서로 맞대어 놓고 원피스의 아랫부분을 박아줍니다.
이때 가장자리에서 5mm 간격을 둡니다. 그다음 동일한 방법으로 옆면도 연결합니다.
밑단을 1cm 접어 원피스 둘레를 박아주고, 단추를 달아 원피스를 완성합니다.

요정 블루머

재료

분홍색 또는 청색 바지

DMC 25번사 분홍색 3607번

트레이싱 페이퍼

초크연필

1.

바지의 한쪽 다리 아랫부분에 요정 그림을 옮겨 그립니다.

2..

분홍색 3607번 실 두 가닥을 이용하여 백 스티치로 모자, 원피스, 팔, 다리, 지팡이를 수놓습니다. 손과 발은 새틴 스티치로 수놓습니다. 러닝 스티치로 머리카락과 모자 깃도 수놓습니다. 스트레이트 스티치로 작은 별들을 수놓아 마무리합니다.

천사 바지

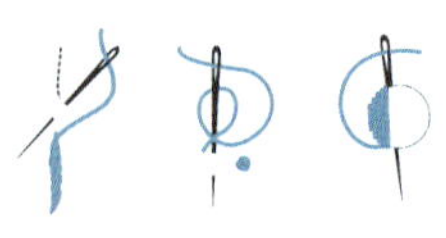

흰색 바지(패턴 참고)

DMC 25번사 분홍색 3609번

DMC 25번사 노란색 744번

DMC 25번사 파란색 3755번

DMC 25번사 파란색 334번

트레이싱 페이퍼

원단용 카본지

사용한 스티치 • 스템 스티치, 프렌치 노트 스티치, 새틴 스티치

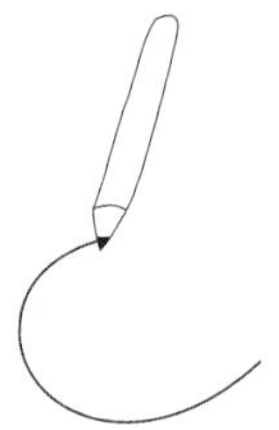

1.

사진에 나와 있는 위치를 참고하여 천사 그림을 바지 뒤판에 옮겨 그립니다. 작은 구름 두 개도 그립니다.

2..

분홍색 3609번 실 두 가닥을 이용하여 스템 스티치로 천사 얼굴과 입, 원피스를 수놓습니다.

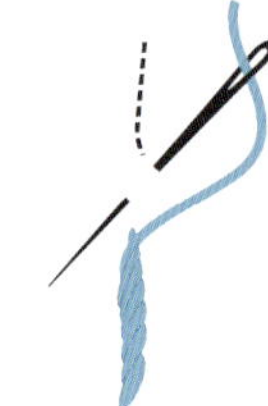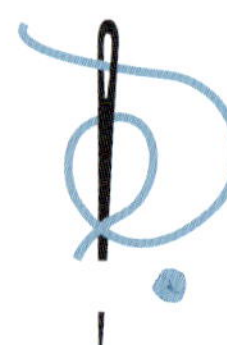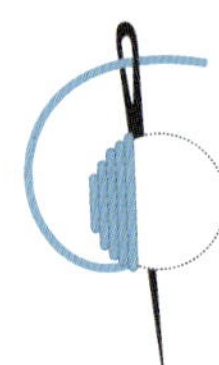

3...

파란색 3755번 실 두 가닥을 이용하여 스템 스티치로 날개, 다리, 천사 링을 수놓습니다. 눈은 프렌치 노트 스티치로 수놓습니다. 파란색 334번 실 두 가닥을 이용하여 스템 스티치로 구름을 수놓습니다. 발은 새틴 스티치로 수놓습니다.

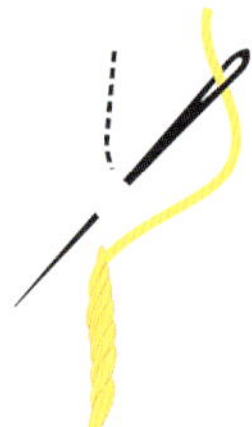

4....

노란색 744번 실 두 가닥을 이용하여 스템 스티치로 머리카락을 수놓아 마무리합니다.

🪡 바지 만들기

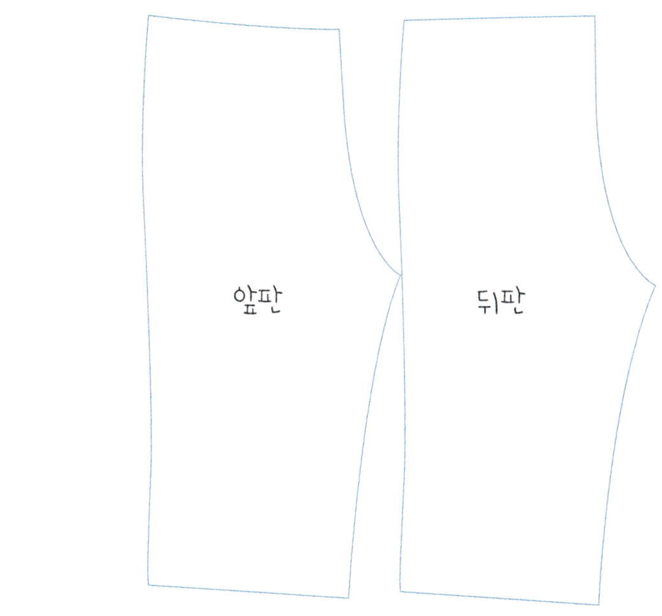

50×90cm 원단

초크연필

핀

색실

허리 고무줄

가위

재봉틀

1 올의 방향을 따라 원단을 반으로 접습니다(접음선이 수직이 되도록 합니다).
그 위에 바지의 앞판과 뒤판 패턴을 올려놓고 핀으로 고정합니다. 초크연필로 윤곽선을 그리고
재단합니다. 가장자리 전체를 시침질 또는 지그재그 스티치로 박아줍니다.

2 앞판 두 장과 뒤판 두 장의 안면을 서로 맞대어 놓고 결합합니다.
그리고 오른쪽과 왼쪽 다리 부분을 연결합니다.

3 다리 밑단을 1.5cm 접고 감침질로 박아줍니다. 윗면은 2.5cm를 접은 다음,
고무줄이 들어갈 수 있도록 2cm 간격을 남겨두고 박아줍니다. 이제 고무줄을 틈 안에 끼워
넣습니다. 바지를 입어보고 고무줄을 적당히 자른 다음 양쪽 끝을 결합합니다.

일곱 빛깔 빗방울 블라우스

흰색 원피스

DMC 25번사 파란색 334번

DMC 25번사 분홍색 3609번

DMC 25번사 노란색 744번

DMC 25번사 녹색 955번

파란색 초크연필

사용한 스티치 • 새틴 스티치

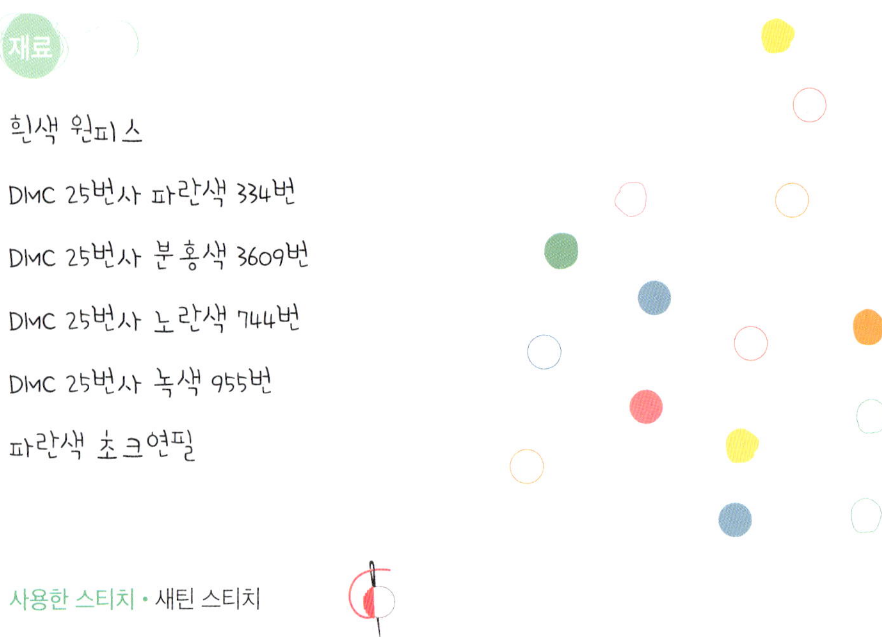

1.

초크연필을 이용하여 손으로 직접 지름 5mm의 작은 원들을 원피스 위에 그립니다. 사진에 나와 있는 방울의 위치를 참고하세요. 비가 내리는 분위기를 내려면 원피스 위쪽은 방울을 서로 가까이 그리고, 원피스 아래쪽으로 비스듬히 내려가며, 점점 더 벌어지게 수놓습니다.

2..

실 두 가닥을 이용하여 새틴 스티치로 빗방울 색깔에 변화를 주며 수놓습니다.

방울을 한 가지 색깔만으로 세 개씩
모아 수놓을 수도 있습니다.

 꼬꼬닭 민소매 티셔츠

흰색 티셔츠

DMC 25번사 회색 648번

DMC 25번사 분홍색 899번

열접착 시트 7cm

사용한 스티치 · 백 스티치, 프렌치 노트 스티치 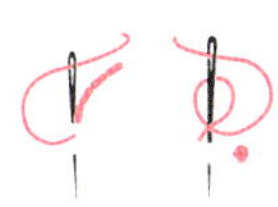

1.

열접착 시트의 반짝이는 면을 티셔츠 안쪽, 수놓을 위치에 대고 은은한 온도로 다림질하여 붙입니다. 이렇게 작업해 놓으면 원단 위에 수놓기가 한결 수월해집니다.

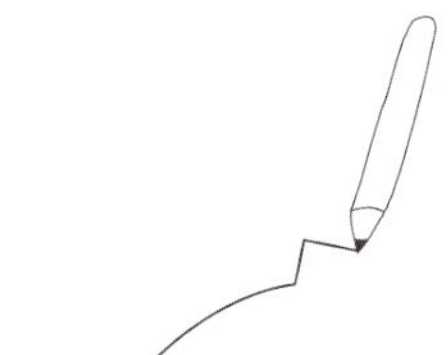

2..

엄마 닭과 병아리를 티셔츠 위에 옮겨 그립니다. 병아리 문양은 세 개를 그립니다.

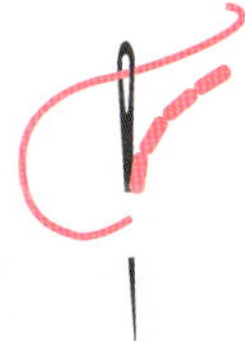

3...

회색 648번 실 두 가닥을 이용하여 백 스티지로 몸통을 수놓습니다. 발, 벼슬, 부리는 분홍색 899번 실 두 가닥을 사용합니다.

4....

회색 실 두 가닥을 이용하여 프렌치 노트 스티치로 눈을 수놓습니다.

뭉게뭉게 구름 모자 ☰ p.30

롤리팝 조끼 ☰ p.37

데이지와 양 리넨 셔츠 ☰ p.34

들꽃 튜닉 ☲ p.43

민들레 홀씨 바지 ☲ p.40

뭉게뭉게 구름 모자

재료

흰색 보브 모자

DMC 25번사 파란색 334번

트레이싱 페이퍼

원단용 카본지

파란색 초크연필

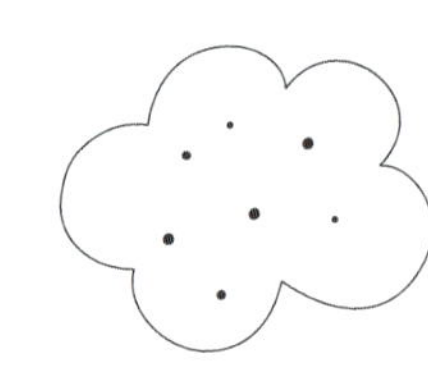

사용한 스티치 · 러닝 스티치, 랜덤 스티치, 프렌치 노트 스티치

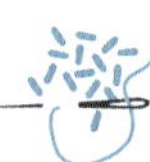

1.

구름 문양을 보브 모자 위에 옮겨 그립니다.
약 5cm 간격을 두고 높이에 변화를 주며 배
치합니다.

2..

초크연필을 이용하여 손으로 구름 사이를 지
나는 곡선을 그립니다.

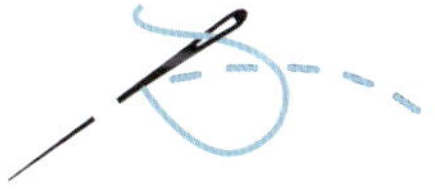

3...

파란색 334번 실 두 기닥올 이용하여 러닝
스티치로 구름을 수놓습니다. 다양한 방식으
로 구름을 꾸며봅니다. 하나는 두 가닥을 이
용해 랜덤 스티치로, 다른 하나는 세 가닥을
이용해 프렌치 노트 스티치로 채웁니다. 마
지막 구름의 곡선은 러닝 스티치로 수놓습
니다.

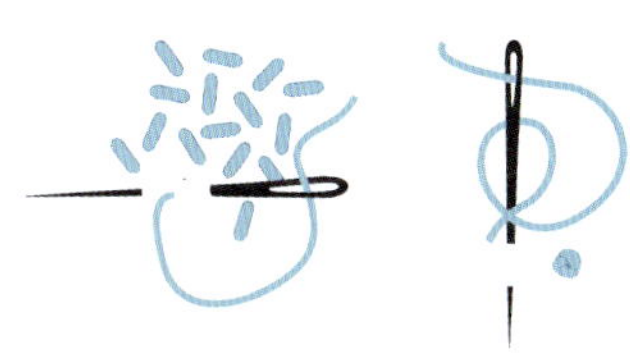

데이지와 양 리넨 셔츠

재료

리넨 셔츠

DMC 25번사 흰색

DMC 25번사 회색 648번

DMC 25번사 녹색 472번

트레이싱 페이퍼

원단용 카본지

사용한 스티치 · 스템 스티치, 레이지 데이지 스티치, 프렌치 노트 스티치, 버튼홀 스티치, 새틴 스티치

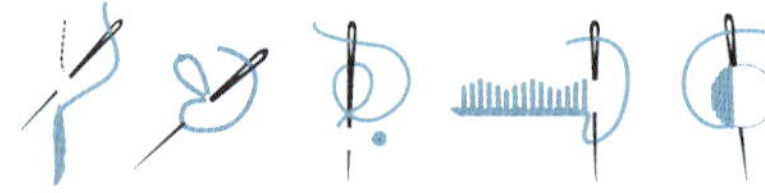

1.

흰색 실 두 가닥을 이용하여 스템 스티치로 양의 몸통을, 레이지 데이지 스티치로 데이지 꽃을 수놓습니다. 주머니에 놓인 데이지 줄기는 녹색 472번 실 두 가닥을 이용하여 스템 스티치로 수놓습니다. 흰색 실 두 가닥을 이용하여 프렌치 노트 스티치로 양털을 장식합니다.

2..

회색 648번 실 두 가닥을 이용하여 스템 스티치로 양의 머리를, 새틴 스티치로 귀, 발, 꼬리를 수놓습니다. 녹색 472번 실 두 가닥을 이용하여 버튼홀 스티치로 풀을 수놓습니다. 스티치 높이에 변화를 주며 풀을 표현해봅니다.

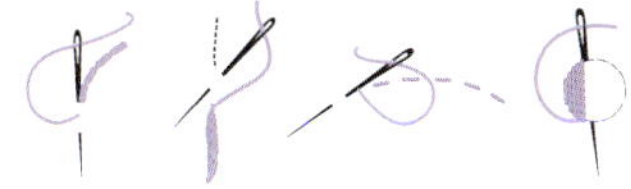

DMC 면사 연보라색 554번

DMC 면사 청록색 3766번

DMC 면사 아니스색 472번

DMC 면사 분홍색 3607번

트레이싱 페이퍼

원단용 카본지

사용한 스티치 · 백 스티치, 스템 스티치, 러닝 스티치, 새틴 스티치

1.

주머니를 재봉하기 전에 먼저 수를 놓습니다. 주머니의 윗면 높이에 막대사탕을 옮겨 그립니다.

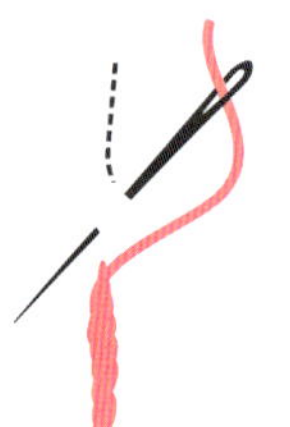

2..

분홍색 3607번 실 두 가닥을 이용하여 스템 스티치로 하트 사탕의 막대기와 뾰족한 사탕의 막대기를 수놓습니다. 지팡이 사탕은 백 스티치로 수놓습니다.

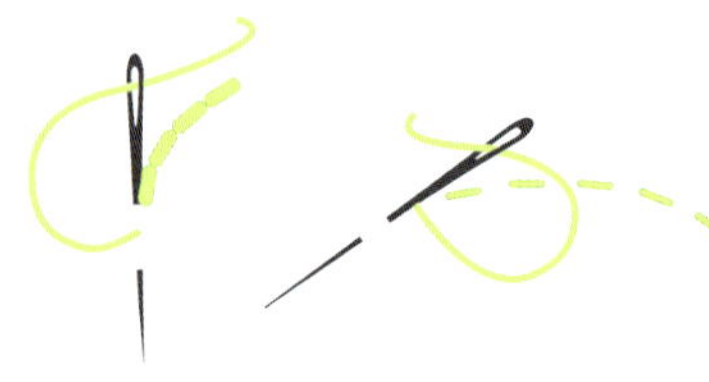

3...

청록색 3766번 실 두 가닥을 이용하여 스템 스티치로 둥근 사탕의 막대기와 하트를 수놓습니다. 아니스색 472번 실 두 가닥을 이용하여 백 스티치로 뾰족한 사탕을, 러닝 스티치로 꾸불꾸불한 선을, 새틴 스티치로 색깔방울 두 개를 수놓습니다.

4....

연보라색 554번 실 두 가닥을 이용하여 새틴 스티치로 둥근 사탕과 나머지 색깔방울 세 개를 수놓습니다. 나머지 꾸불꾸불한 선은 러닝 스티치로 수놓습니다.

 조끼 만들기

50×90cm 원단

초크연필

핀

색실

가위

재봉틀

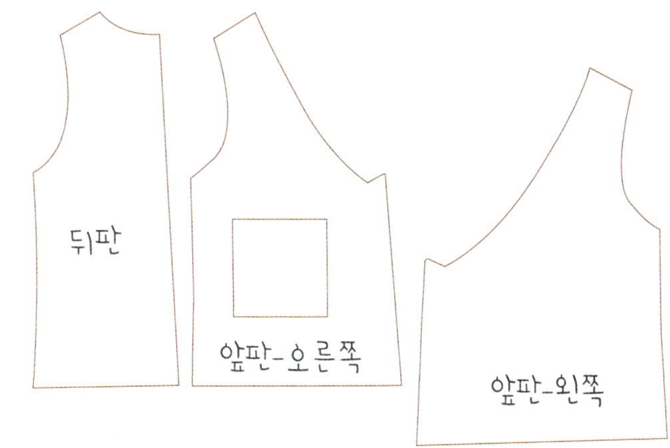

1 올의 방향을 따라 원단을 반으로 접습니다(접음선이 수직이 되도록 합니다).
그 위에 뒤판 패턴을 올려놓고 핀으로 고정합니다. 초크연필로 윤곽선을 그리고 재단합니다.
접은 원단을 펴고 앞판 두 장(오른쪽과 왼쪽)과 주머니(10×10cm, 재봉선 포함)를 동일한 방법으로
잘라냅니다. 가장자리 전체를 시침질 또는 지그재그 스티치로 박아줍니다.

2 옷고름으로 사용할 길이 28cm, 폭 2cm의 띠 두 개를 잘라냅니다. 이 띠를 긴 방향으로
반을 접고 긴 면을 다시 안으로 5mm를 접은 다음, 가장자리를 바짝 붙여 박아줍니다.
안면을 서로 맞대어 놓고 앞판과 뒤판의 옆면을 결합합니다. 이때 진동둘레의
겨드랑이 부분에서 4cm 떨어진 지점의 재봉선 안에 왼쪽 옷고름을 집어넣고 박아줍니다.

3 진동둘레에 사용할 길이 33cm, 폭 2cm의 띠 두 장, 목선에 사용할 길이 65cm, 폭 2cm의 띠 한 장을
비스듬히 잘라냅니다. 비스듬히 자른 띠의 안면을 서로 맞대어 놓고 핀으로 고정한 다음,
진동둘레를 따라 박아줍니다. 이때 가장자리에서 5mm 간격을 둡니다. 깔끔한 마감을 위하여
시작지점을 5mm 안으로 접어놓습니다. 이제 옷의 안쪽으로 띠들을 접고 재봉선을 납작하게 펴가며
5mm로 감침질합니다.

4 조끼의 밑단을 1.5cm 접어 감침질합니다. 주머니 윗면을 1cm 안으로 접고 감침질합니다.
조끼 밑단에서 4.5cm 떨어신 시섬에 주머니를 박아숩니다. 이때 주머니의 아랫면과 측면을 1cm 안으로
접어놓습니다. 오른쪽 옷고름을 조끼 오른쪽 앞판 각진 부분 안쪽에 박아줍니다.

민들레 홀씨 바지

재료

청록색 또는 시원한 색 바지

DMC 25번사 흰색

DMC 25번사 녹색 523번

흰색 초크연필

자

사용한 스티치 · 러닝 스티치, 스트레이트 스티치

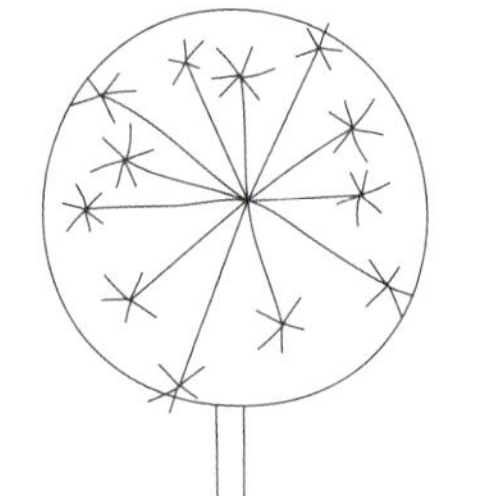

1.

초크연필로 바지 위에 도안을 그립
니다.

2..

바지 밑단에서부터 9cm 정도 높이
의 선 두 개를 자를 대고 그어 줄기
를 표현합니다.

3...

줄기의 꼭대기에 지름 3.5cm의 원을
그립니다. 이 원에서부터 길고 짧은
선 열두 개를 방사형으로 그립니다.

4....

선의 끝마다 작은 별을 그려 넣어 민
들레 씨잇을 표현합니다.

5.....

흰색 또는 녹색 실 두 가닥을 이용하
여 러닝 스티치로 줄기와 방사상 모
양을, 스트레이트 스티치로 별을 수
놓습니다. 사진을 참고하거나 본인
의 취향에 맞게 흰색과 녹색 실을 번
갈아 사용합니다.

 들꽃 튜닉

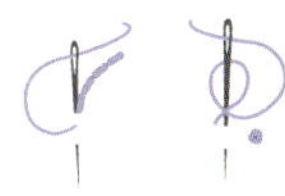

연보라색 튜닉

DMC 25번사 연보라색 3835번

DMC 25번사 연보라색 554번

DMC 25번사 연보라색 211번

트레이싱 페이퍼

원단용 카본지

사용한 스티치 · 백 스티치, 프렌치 노트 스티치

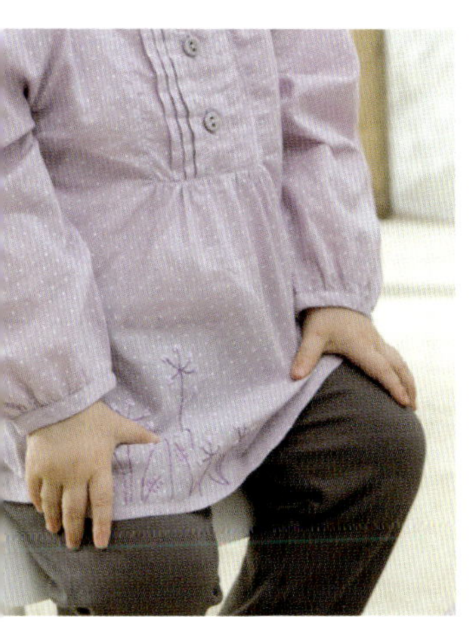

1.

튜닉의 아랫부분, 밑단 위에
문양을 옮겨 그립니다.

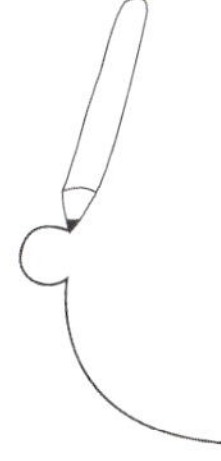

2..

연보라색 3835번 실 두 가닥을 이용하여 백
스티치로 줄기를 수놓습니다.

3...

연보라색 211번 실 세 가닥을 이용히여 프렌
치 노트 스티치로 큰 꽃을 수놓습니다. 스티
치 수에 변화를 주며(3~6스티치) 아주 촘촘
하게 스티치를 실행하여 꽃이 피어 있는 모
습을 표현합니다.

4....

연보라색 551번 실 세 가닥을 이용히여 프
렌치 노트 스티치로 작은 꽃을 수놓습니다.

곰 세 마리 바지 🧵 p.59

토끼와 당근 멜빵바지 🧵 p.48

주머니 원피스 🧵 p.62

작은 마을 잠옷 ▤ p.50
천사의 날개 셔츠 ▤ p.56
고양이 실내화 ▤ p.54

토끼와 당근 멜빵바지

재료

회색 멜빵바지

DMC 25번사 청록색 3766번

DMC 25번사 오렌지색 352번

DMC 25번사 녹색 3817번

트레이싱 페이퍼

원단용 카본지

사용한 스티치 · 스템 스티치, 프렌치 노트 스티치, 랜덤 스티치, 펀 스티치

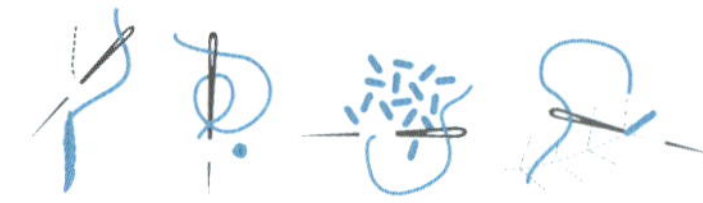

1.

멜빵바지 위에 토끼를 비스듬히 옮겨 그립니다. 당근도 주머니 바로 위에 그립니다.

2..

청록색 실 두 가닥을 이용하여 스템 스티치로 토끼를, 프렌치 노트 스티치로 눈과 코를 수놓습니다. 귀, 발, 몸통은 랜덤 스티치로 안을 채웁니다.

3...

당근은 오렌지색 352번 실을 이용해 스템 스티치로 수놓고 랜덤 스티치로 안을 채웁니다. 녹색 3817번 실 두 가닥을 이용해 펀 스티치로 잎을 수놓습니다.

작은 마을 잠옷

재료

체크무늬 잠옷

DMC 25번사 파란색 334번

DMC 25번사 파란색 828번

DMC 25번사 분홍색 603번

DMC 25번사 녹색 369번

DMC 25번사 흰색

초크연필

사용한 스티치 · 백 스티치, 스트레이트 스티치

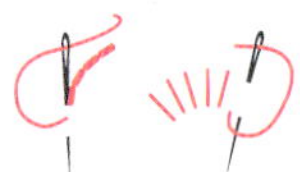

1.

집 모양을 잠옷의 등 중앙에 옮겨 그립니다.

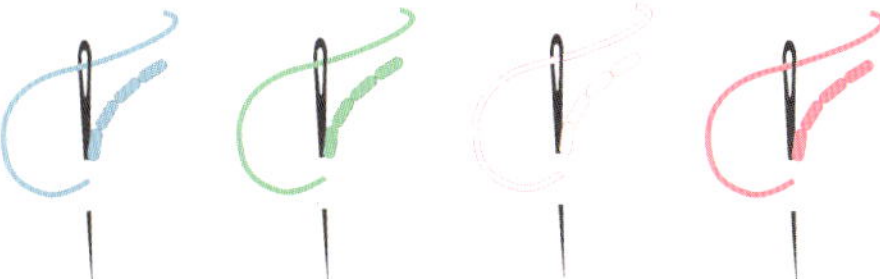

2..

집의 윤곽은 원단의 체크를 따라 그립니다. 파란색 334번 실 두 가닥을 이용하여 백 스티치로 수놓습니다. 지붕은 체크에 맞춰 대각선으로 수놓습니다. 동일한 방법으로 녹색 369번 실 두 가닥을 이용하여 백 스티치로 큰 창문을 수놓습니다. 그다음 흰색 실 두 가닥으로 수직선을, 분홍색 603번 실 두 가닥으로 작은 창문을, 파란색 828번 실 두 가닥으로 마지막 집의 선들을 수놓습니다.

3...

녹색 369번 실 두 가닥을 이용하여 스트레이트 스티치로 별들을 여기저기에 수놓습니다. 체크의 중심으로부터 안에서 밖으로 가로, 세로, 대각선을 그립니다. 이 선들은 항상 중심을 지나도록 합니다.

4....

잠옷 주머니에서 나오는 사다리를 파란색 334번 실 두 가닥을 이용하여 백 스티치로 수놓고, 그 위에 녹색 369번 실 두 가닥을 이용하어 별 두 개를 더 수놓습니다.

고양이 실내화

재료

천으로 된 실내화

DMC 25번사 회색 648번

초크연필

사용한 스티치 · 새틴 스티치, 스트레이트 스티치, 프렌치 노트 스티치

1.

실내화 위에 초크연필로 고양이 문양을 그립니다.

2..

회색 실 세 가닥을 이용하여 새틴 스티치로 입과 귀를, 스트레이트 스티치로 수염을, 프렌치 노트 스티치로 눈을 수놓습니다.

천사의 날개 셔츠

재료

셔츠 또는 티셔츠

DMC 25번사 파란색 747번 또는 분홍색 3607번

얇은 도화지

트레이싱 페이퍼

파란색 또는 흰색 초크연필

티셔츠에 사용할 열접착 시트 10cm

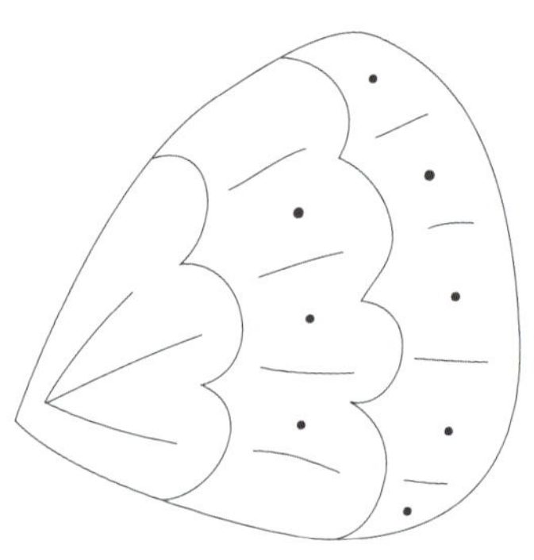

사용한 스티치 · 러닝 스티치, 프렌치 노트 스티치

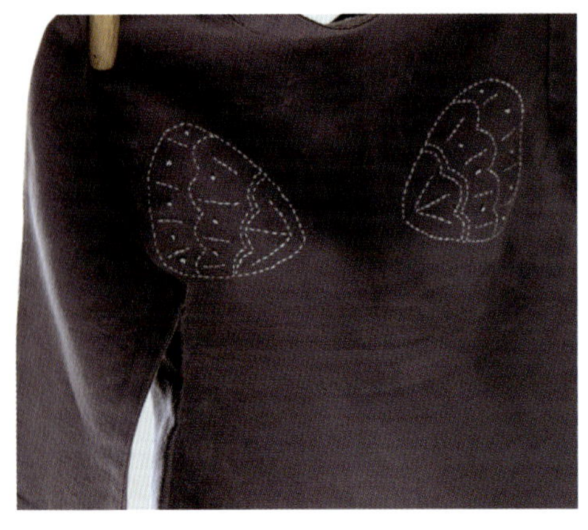

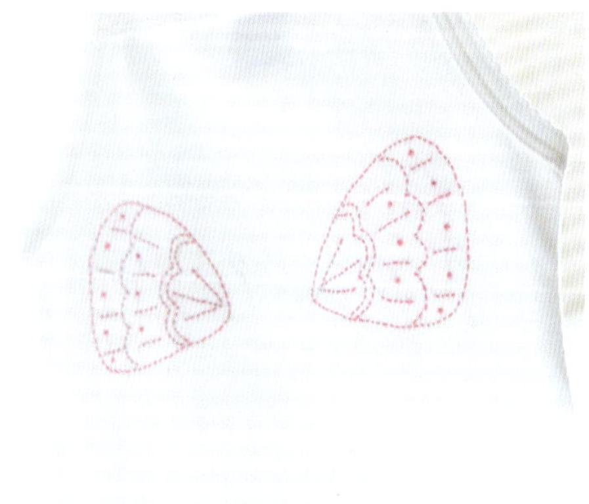

티셔츠에 작업할 때

1.

티셔츠 등 수놓을 위치에 맞추어 열접착 시트를 길이를 자릅니다. 높이는 10cm 가 되게 합니다. 시트의 반짝이는 면을 티셔츠 등 안쪽(목선에서 8cm 떨어진 지점)에 대고 은은한 온도로 다림질하여 붙입니다. 이렇게 작업해 놓으면 원단 위 에 수놓기가 한결 수월해집니다.

2..

날개의 윤곽을 얇은 도화지 위에 옮겨 그립니다. 이 모양을 잘라내어 패턴으로 사용합니다.

3...

그다음 날개의 내부 디자인을 트레이싱 페이퍼 위에 옮겨 그립니다. 패턴의 앞 뒷면을 이용하여 날개를 티셔츠 등에 옮겨 그립니다. 양 날개 사이의 간격이 약 3.5cm가 되도록 합니다 초크연필로 윤곽선을 그리고, 이 선을 실 두 가닥을 이용하여 러닝 스티치로 수놓습니다.

4....

날개의 내부 선들을 원단 위에 옮겨 그리고 수를 놓습니다. 실 두 가닥을 이용하여 프렌치 노트 스티치로 작은 점들을 수놓아 마무리합니다.

셔츠에 작업할 때

1단계를 제외하고 티셔츠에 작업할 때와 동일합니다. 리넨이나 면에 작업할 때는 1단계를 생략합니다.

곰 세 마리 바지

재료

밝은 회색 바지

DMC 25번사 회색 415번

DMC 25번사 청록색 3766번

DMC 25번사 녹색 369번

파란색 초크연필

사용한 스티치 · 백 스티치, 러닝 스티치, 프렌치 노트 스티치

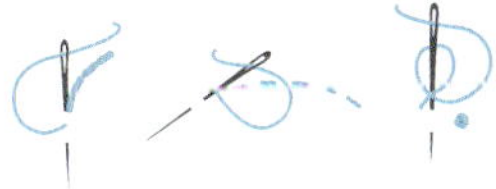

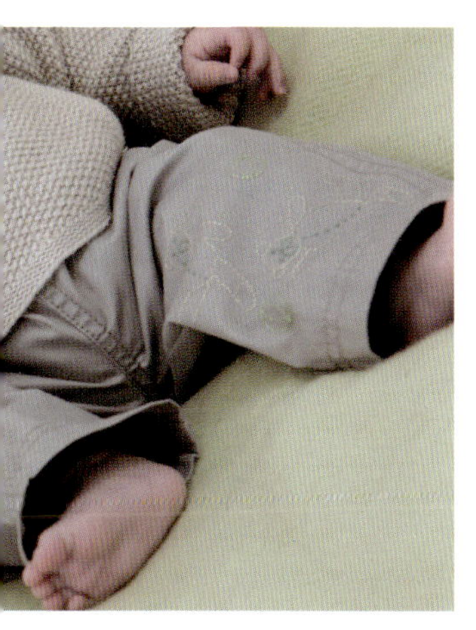

1.

곰 세 마리와 공을 바지에 옮겨 그립니다.

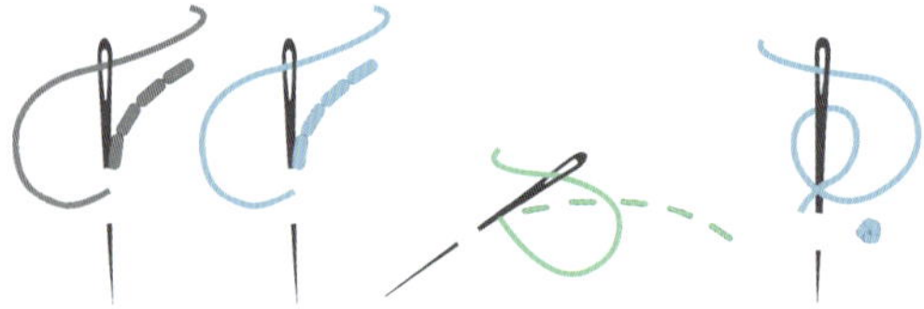

2..

회색 415번 실 두 가닥을 이용하여 백 스티
치로 곰 인형의 윤곽을 수놓습니다. 청록색
3766번 실 두 가닥을 이용하여 백 스티치로
입을, 러닝 스티치로 배에 줄을, 프렌치 노트
스티치로 눈을 수놓습니다.

3...

녹색 369번 실 두 가닥을 이용하여 백 스티
치로 공을 수놓습니다.
바지의 길이에 따라 곰과 공을 더하거나 위
치를 바꿀 수도 있습니다.

 주머니 원피스

주머니 원피스(옷본 참고)

DMC 25번사 분홍색 603번

DMC 25번사 분홍색 899번

DMC 25번사 분홍색 3609번

트레이싱 페이퍼

원단용 카본지

사용한 스티치 · 스템 스티치, 프렌치 노트 스티치, 레이지 데이지 스티치

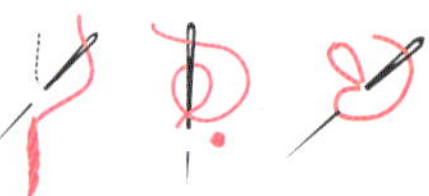

1.

원피스 위에 주머니를 재봉하기 전에, 작업하도록 합니다. 도안을 주머니 윗면에서 3cm 아래 지점에 옮겨 그립니다.

2..

분홍색 603번 실 두 가닥을 이용하여 스템 스티치로 빨랫줄과 원피스 B의 윤곽을 수놓습니다. 원피스마다 다른 분홍색을 사용하여 A와 C, D도 윤곽을 수놓습니다. 그다음 스템 스티치로 원피스 A와 D의 내부 디테일을 수놓습니다.

3...

프렌치 노트 스티치로 원피스 B 내부, 레이지 데이지 스티치로 원피스 C 내부의 디테일을 더해 봅니다.

주머니 원피스 만들기

50×90cm 원단

초크연필

핀

색실

가위

재봉틀

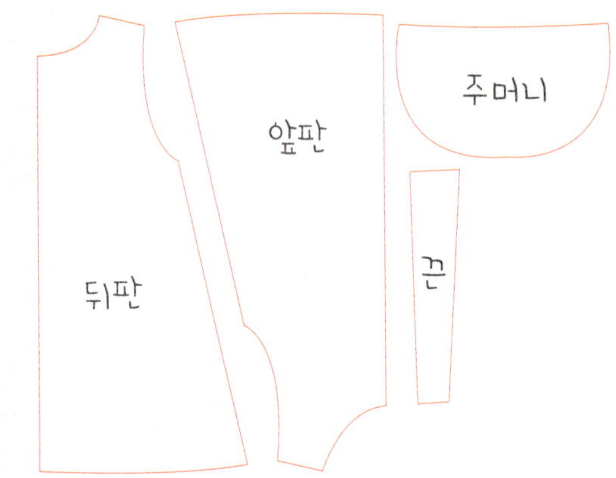

1 올의 방향을 따라 원단을 반으로 접습니다(접음선이 수직이 되도록 합니다).
그 위에 앞판, 뒤판, 주머니 패턴의 절반을 원단의 접음선과 가운데가 일치하도록 올려놓고
핀으로 고정합니다. 초크연필로 윤곽선을 그리고 옮긴 패턴과 끈 4개를 잘라냅니다.
가장자리 전체를 시침질 또는 지그재그 스티치로 박아줍니다.

2 끈의 안면을 서로 맞대어 놓고 가장자리를 5mm 접어 박아준 다음, 앞판과 뒤판에 연결합니다.

3 목선과 진동둘레도 5mm 접고 핀으로 고정한 후 박아줍니다. 주머니 윗면을 1cm 접고 핀으로 고정한 후
감침질로 박아줍니다. 주머니 둘레를 5mm 접고 원피스의 앞면에 핀으로 고정한 후 박아줍니다.

4 원피스 앞판과 뒤판의 안면을 서로 맞대어 놓고 결합한 다음, 밑단을 1cm 접어 박아줍니다.

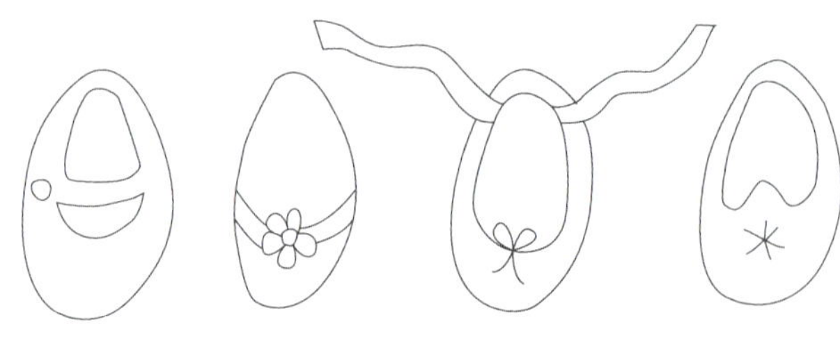

귀여운 패턴, 화사한 빛깔, 입체적인 문양
사랑스러운 프랑스 자수를 만나보세요.

이 책에는 가장 기본이 되는 자수 스티치로 완성하는

자수 도안이 담겨 있습니다. 아기자기한 문양이

아기 옷과 소품을 더욱 사랑스럽게 만들어준답니다.

아기를 위한
프랑스 자수, 옷 만들기!

아기 옷을 꾸며주는 매력적인 자수 도안,
손쉽게 만드는 실물 크기 패턴.

프랑스 자수 어드바이스와
멋진 아이디어로
아기를 더욱 사랑스럽게 만들어주세요.

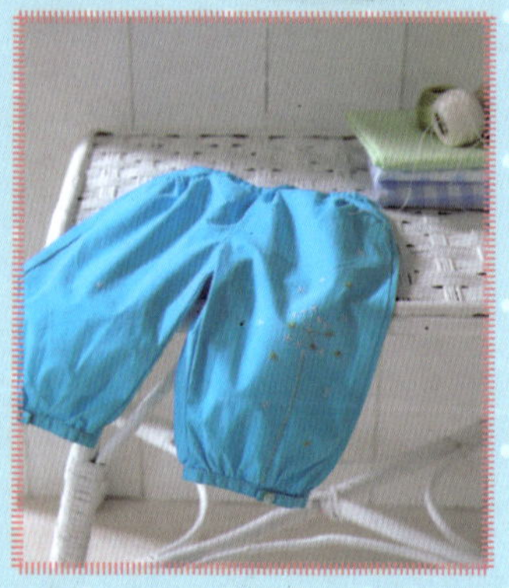

아주 간단한 스티치로 장식해보세요

백 스티치, 러닝 스티치, 스템 스티치, 새틴 스티치, 스트레이트 스티치,
프렌치 노트 스티치, 레이지 데이지 스티치…

값 11,800원
ISBN 979-11-5846-031-0
13630